BEITRÄGE ZUR PHILOSOPHIE
Neue Folge

KATHARINA COMOTH

# Natur
# und das Gesetz
# der Freiheit

Universitätsverlag
WINTER
Heidelberg

Bibliografische Information der Deutschen Nationalbibliothek
Die Deutsche Nationalbibliothek verzeichnet diese Publikation
in der Deutschen Nationalbibliografie;
detaillierte bibliografische Daten sind im Internet
über *http://dnb.d-nb.de* abrufbar.

UMSCHLAGBILD

*Auftritt unter dem Auge, das* nach *Sophokles »immer alles sieht«:*
πάνθ᾽ ὁρῶν ἀεί.
Pablo Picasso: Zeichnung Bühnendekoration für *Œdipus Rex*
(Théâtre des Champs-Élysées – Paris: 19. Dezember 1947, s. Abb. 1).
© Succession Picasso / VG Bild-Kunst, Bonn 2018.

ISBN 978-3-8253-6940-8

© 2018 Universitätsverlag Winter GmbH Heidelberg
Imprimé en Allemagne · Printed in Germany
Druck: Memminger MedienCentrum, 87700 Memmingen

Gedruckt auf umweltfreundlichem, chlorfrei gebleichtem
und alterungsbeständigem Papier.

Den Verlag erreichen Sie im Internet unter:
www.winter-verlag.de

Unvergleichlich
vor dem λόγος
ist
seiner Natur gemäß
(κατὰ φύσιν)
Πρό-λογος.[*]

[*] Er bringt die Sache zur Sprache durch Personen der Handlung, *Τὰ τοῦ δράματος πρόσωπα:*

# Inhalt

## I.

## II.

## III.

## IV.

# I.

## Ein *tragischer* Fall

# PROLOG

## Ein *tragischer* Fall:
## *ΑΝΤΙΓΟΝΗ* von Sophokles

### „Ἀναρχία ist das Allerschlimmste"

sagt der Herrscher[1], und der Chor weiß mit gewaltiger
Stimme zuvor:
**„Vieles ist ungeheuer, nichts ungeheurer als der Mensch."**[2]
Er hat den Widerspruch in sich wie ΑΝΤΙ-ΓΟΝΗ als
χᾰρακτήρ und Titelfigur von Gegnerschaften (**ἀντί-**) in der
Verwandtschaft des Palastes von Theben (**γονή**).

Kreon, König von Theben und Onkel der Antigone, beruft
sich im Verlauf der Ereignisse durch sein Verbot, Antigones
Bruder zu bestatten, auf „das Gesetz", welches Ἀντιγόνη
übertreten hat: **ὑπερβαίνειν νόμους**[3].
Der das Gesetz der πόλις verkündete war „nicht Zeus"
(οὐ γάρ τί μοι Ζεὺς) entgegnet diese[4], das Gesetz hat auch
nicht die der (siebentorigen) Stadt (Theben) angehöri-
ge Volksmenge (ὁμόπτολις λεώς) erlassen, sagt Haimon
als Person der Handlung[5], sondern *einer*[6], König Κρέων,

---

[1] Kreon in Sophokles: Antigone, 672: ἀναρχίας δὲ μεῖζον οὐκ ἔστιν κακόν. Das Drama wurde 442 v.Chr. uraufgeführt.

[2] Chor ebd. 332 f. und 367:
πολλὰ τὰ δεινὰ κοὐδὲν ἀνθρώπου δεινότερον πέλει·
Zuweilen kommt er auf Schlimmes, auf Edles ein andermal:
τοτὲ μὲν κακόν, ἄλλοτ' ἐπ' ἐσθλὸν ἕρπει.

[3] Kreon ebd. 449.

[4] Antigone ebd. 450.

[5] Haimon ebd. 733.

[6] Ders. ebd. 737.

Herrscher[7] – dem Χορὸς der (Stadt-)Ältesten gemäß in jüngster *göttlicher* Fügung: συντυχία aufgestellt.[8] Das wisse Zeus – beteuert Kreon –, „der immer alles sieht" (Ζεὺς ὁ πάνθ᾽ ὁρῶν ἀεί).[9]

„So groß schien dein Befehl mir nicht, der sterbliche, daß er die ungeschriebenen Gottgebote (ἄγραπτα κἀσφαλῆ θεῶν νόμιμα) – die wandellosen, konnte überlaufen: **ὑπερ-δραμεῖν**. Sie stammen nicht von heute oder gestern, sie leben immerdar (ἀεί), keiner weiß, seit wann"[10]:

Antigone verletzt das geltende Gesetz des Herrschers – der sich durch den Chor in (göttlicher) συν-τυχία mit Zeus behauptet,

Kreon, *Herrscher* von Theben *und Onkel* der Antigone (wie ihres toten Bruders), verletzt das Gesetz der Angehörigen als heilig-frommer Brauch ungeschrieben seit eh und je: φίλον νομίζει[11];

im Chor (der Ältesten von Theben: Χορὸς Θηβαίων γερόντων als Sprachrohr der πόλις) lebt Antigone nach eigenem Gesetz: **αὐτόνομος**[12].

Im öffentlich gemachten Fall ihres Bruders: Polyneikes ist Antigone dem Chor gemäß nun heimatlos: **ἄπολις**[13].

---

[7] Gebietend: **κρείων**.

[8] Chor ebd. 157 f.: νεοχμὸς
    νεαραῖσι θεῶν ἐπὶ συντυχίαις.

[9] Kreon ebd. 184; *auf Kolonos* ist für *Oidipus* Helios der Gott, der alles sieht (ὁ πάντα λεύσσων: 869, dazu Orestes bei Aischylos in Χοηφόροι 985/6: ὁ πάντ᾽ ἐποπτεύων τάδε Ἥλιος.

[10] Antigone ebd. 453–457.

[11] Kreon ebd. 183.

[12] Chor ebd. 821 f.:    du lebst nach eigenem Gesetz, darum allein
                          zum Land der Toten gehst du:
                          ἀλλ᾽ **αὐτόνομος** ζῶσα μόνη δὴ
                          θνατῶν Ἅιδαν καταβήσῃ.

[13] Chor ebd. 368–370:   Wer seines Landes Satzung ehrt,
                          der Götter beschworenes Recht,
                          gilt hoch im Staate: **ὑψίπολις·**

**Antigone** hat das aufgestellte Gesetz des Kreon **übertreten**: ὑπερβαίνειν;
**Kreon** hat den ungeschriebenen Brauch unter Verwand-
ten **überlaufen**: ὑπερδραμεῖν.

„Besinnung (**φρονεῖν**) ist des Glückes *Anfang*" weiß der
Chor *am Ende*: εὐδαιμονίας **πρῶτον ὑπάρχει**[14], *Besinnung auf einen Maßstab* (für **die Vermessenen**: ὑπερ-
αύχων[15]) *zur rechten Zeit*, den das *Drama selbst* nicht set-
zen kann.

Der Anlauf Antigones zu göttlichen Geboten von *Zeus*[16]
(in der Familie: γονή) und die Behauptung des Kreon (aus
der Familie) in (göttlicher) συν-τυχία *für die Stadt* befinden
sich im Widerspruch des Unvollständigen: Es fehlt der tragi-
schen Handlung mit φρόνησις die Verankerung συν-ουσία.
Das Drama *mit ergreifenden Schlagseiten* wird wahrgenom-
men ohne erkennbaren *Zusammenhalt* von Anfang an.

Für Platon ist der Fall des Sokrates Anlaß, die syn*ousia*
im „Weg oben" *zu erkunden* als Reflexionsver*ort*ung von Gerechtigkeit mit Besonnenheit[17]: „wahres oben"[18].

---

ἄπολις: heimatlos,
wer sich dem Unrecht ergab,
τὸ μὴ καλόν.

[14]  Chor ebd. 1348 f.
[15]  Chor ebd. 1351.
[16]  Dem Namen nach ζῆν: leben, seiner Natur gemäß Διός wie δῖος: herr-
      lich leuchtend.
[17]  Platon, *Politeia* 621 c 5: ἄνω ὁδοῦ ἀεὶ … δικαιοσύνην μετὰ φρονήσε-
      ως …
[18]  Ebd. 586 a 4: τὸ ἀληθῶς ἄνω; „wahres oben" unterscheidet sich vom
      Wissen *in* Natur: ἐν τῇ φύσει durch ἄνω τε ὄντος καὶ ἐν μέσῳ καὶ
      κάτω: ebd. 584 d 3 und 584 e 5.

# II.

*Jenseits* von ‚Frühlings‘ Erwachen

*Jenseits* von ‚Frühlings‘ Erwachen:
Platons *Politeia* 614 b 2 ff. und
das ‚Gesetz der Freiheit‘*

... im Kommen zu finden: [1]

Ἡρός in der Erzählung (: ἀπόλογος) bei Platon (Politeia
614 b 2 ff.) scheint die menschliche Personifikation des Frühlings: τό ἦρ zu sein, der – mutig: ἀλκίμου wie ein Held: ὁ
ἥρως – den natürlichen Verlauf der Jahreszeit (traumartig)
durchschaut, durchbricht und berichtet, was seine Seele im
Jenseits vor-*findet*:

Im Krieg „gefallen" (: ὅς ποτε ἐν πολέμῳ τελευτήσας)
wurde **Ἡρὸς τοῦ Ἀρμενίου**, τὸ γένος Παμφύλου, *unversehrt* nach Hause gebracht, um bestattet zu werden. Auf
dem Scheiterhaufen blickt er *plötzlich morgens* wieder auf:
ἀναβλέψας (621 b 6) und erzählt, was er in den 12 Tagen (im
Rad der Zeit) gesehen habe, nachdem seine Seele ausgefahren sei zu einem schicksalhaften Ort (δαιμόνιον), an dem
sich Richter (δικαστὰς: 614 c 3) befanden, die ihm sagten,
er solle den Menschen ein *Bote des Dortigen* sein: ἄγγελον
ἀνθρώποις γενέσθαι τῶν ἐκεῖ (614 d 2). Entscheidend ist die
*vorausgesetzte Urteilskraft* im Richterspruch: διαδικάσειαν
(614 c 4), Hauptsache: κεφάλαιον (615 a 6). Sie setzt in (ἀ-)
λήθη (621 a 2 ff.) den Rechtsrahmen für Sorglose.
    Der (traumartige) Ausflug seiner Seele aus dem unverletzten Leib ist dem Ἡρὸς im *wiederaufleben*:
**ἀνα-βιοὺς**

---

* Jak 1,25 und 2,12 (dazu 1,13); der *Jakobusbrief* ist eine der frühesten
  Schriften des Christlichen Testaments.
[1] De *In*-ventione.

(614 b 7) bewußt mit der Fähigkeit, den *Weg oben* (621 c 5: ἄνω ὁδοῦ) nicht zu vergessen und darüber zu berichten.

*Jenseits der Natur* (von *Frühling beispielhaft:* τό ἦρ) ist ὁ ἔρως bei Ἡρὸς τοῦ Ἀρμενίου *an die Hand genommen* in Erinnerung der *Hauptsache:* den übernatürlichen Richterspruch *im Gewissen* zukünftiger Begegnung (zu πρόσ-ωπον vgl. op-pōnō).

Der μῦθος (621 b 8) oder ἀπό-λογος (614 b 2) wirft die wichtigsten Fragen des Lebens auf.[2]

Gut ist selten vollkommen.

Cicero geht der öffentlichen Bekanntmachung des „Er" im sechsten Buch von *De re publica* nach[3] und entfaltet sie in *Somnium Scipionis* durch Einbeziehung Platonischer Voraussetzungen aus *Phaidon* und den *Nomoi* – mit Sol als *mens mundi* und ordnendes Prinzip (temperatio), Ursprung der Bewegung (motus principium), wovon kommt, was sich *von Selbst* bewegt [**25** (27); **26** (28)], das Ab-solute im vereinzelten Körper als verbindende Kraft oder Seele.[4]

Die ewige Kraft der Seele ist der (belebten) Natur in vereinzelter Geburt wie ein Strahl der Sonne *eingeboren* mit *natürlich gewachsener Beschaffenheit,* das Leben zu bewahren durch *Verteidigung* nach innen und außen[5]:

---

[2] Vgl. den Schluß von *Politeia.* Platon hat die synoptische Verbindung in *Selbst-Verhältnissen* mit der *Seele Selbst* und dem *Gesetz Selbst* reflektiert – und sich Gott (ὁ θεός) genähert mit ἀγαθός (379 b 1) von τἀγαθόν (506 e 1), dessen ἰδέα höchste Erkenntnis wäre, wenn sie das Beste *jetzt* (νῦν: ebd.) *auf das genaueste und reinste* beinhalten würde (ἀκριβέστατα καὶ καθαρώτατα: 504 e 1/2):

[3] Vom 6. Buch sind nur Fragmente erhalten. Vgl. **6** (6): … *Er quidam nomine fuit, natione Pamphylus* …, **wodurch** Ἡρός **in „Er" aufging** (als *persona prima* von **vir**).

[4] Vom Schlaf gelöst (ego somno solutus sum) hält Cicero *Scipios Traum* in Überlegung (cogitatio):

[5] *Politeia 461 c* kommt in Konflikt mit Platons Seelen-Entwurf, weil *die unsterbliche Seele* des (entstandenen) Kindes dieses Leben gewählt

*Verteidigung des Lebens (nach innen und außen) ist bei Cicero der zentrale Strukturbegriff Römischer Reflexionskultur, die Voraussetzungen bindet in religio,*

*nata lex ..., verum ex natura ipsa*[6] oder *lex ipsa naturae*[7].

Da dem Gott Apollon die Inkarnation fehlt, ist ihm *ausdrücklich bei Aischylos mit breiter Öffentlichkeit* die (menschliche) Reflexion über *Auferstehung* wie bei „**Er**"[8] fremd: οὔτις ἔστ' ἀνάστασις.[9] Der ἀπό-λογος des Ἡρὸς τοῦ Ἀρμενίου bei (, mit und *nach*) Platon (... *Er quidam nomine fuit* ...) in Bezug auf die Unsterblichkeit der leib*haftigen* Seele selbst auf ihrer selbst zu verantwortenden Reise (: πορείᾱ) beinhaltet eine Betrachtungsweise von *resurrectio* und revīvō – wie es bei Cicero heißt, die sich dem Gegenüber von Personen des Dramas stellt im *Weg oben*.[10] Der

---

hat: Offenbar hat Platon die Stelle in den *Nomoi* stillschweigend korrigieren wollen: In ihnen wird jetzt: νῦν ein Gesetz höherer Ordnung entworfen, dessen Gründung *der Unsterblichkeit am nächsten* kommen soll (ἀθανασίας ἐγγύτατα) und die erste in die zweite Ordnung kommt, *739 e 4–7.*

6  M. Tulli Ciceronis pro T. Annio Milone oratio, ein Plädoyer an die Richter (iudices), 10.

7  De officiis: 3. Buch, 31. Der Apollon-Priester Plutarch hat in der ‚Parallel-Biographie' mit *rhetorischer* Schlagseite *Demosthenes – Cicero* die philosophische Bedeutung Ciceros nicht zur Geltung gebracht; Grundwörter und -worte begrifflicher *Reflexion* tragen bis heute dessen Handschrift.

8  Siehe oben Anm. 3 (ebd.).

9  Aischylos, Eumeniden [Ἀπ:] 648/9. Vgl. dazu 1 Kor 15,21: ... *durch einen Menschen* (: δι' ἀνθρώπου) kam die ἀνάστασις νεκρῶν / resurrectio mortuorum an den *reflektierten* Anfang.

10  De re publica: 6. Buch **4** (4). Vielleicht hat Paulus – geboren um 10 n. Chr. in Tarsus, Hauptstadt der römischen Provinz Kilikien – das vollständige 6. Buch des vormaligen Statthalters Cicero, ebendort um 51/50 v. Chr., noch gekannt;
in 1 **Kor** [Korinth: wo sowohl die Ἀπόλλον-Stelle bei Aischylos als auch der ἀπόλογος bei Platon zirkulierten] 15,20 verbindet Paulus Christus als *Erstling der Entschlafenen*: ... ἀπαρχὴ τῶν κεκοιμημένων / primi-

20

ἀπόλογος (oder μῦθος) über „Er" berührt die *verrannten* Personen des Dramas (: δρᾶμεῖν) durch *Gerechtigkeit mit Besonnenheit* (Politeia 621 c 5) nicht nur am Rande *in Ordnung* von πρόσ-ωπον und Sache *Selbst* – im *Lebens*verhältnis von ζωή und βίος.

„**Er**" ist Soldat: *miles officio*[11], dessen Pflicht *Verteidigung* ist wie im Fall der *Rede für Milo* als *Plädoyer an die Richter*[12]. Vorbild der Richter soll das Richter*urteil* im *Weg oben* sein, gerecht (: δίκαιος) von ungerecht (: ἄδικος) zu scheiden.[13] Der *Maßstab* ist *gesetzt,* Verteidigung des Lebens in Gerechtigkeit mit Besonnenheit *zu finden, was schon vorhanden ist* von (de)

in-*ventione:*

Der Ursprung des (menschlichen) Lebens ist so beschaffen, daß er in Beziehung steht zur *Macht des Gewissens* (: Magna vis est conscientiae, iudices …[14]). In con-sciencia besitzen wir *anticipatio* und *praenōtiō deorum*[15] mit ratio[16].

---

11  tiae dormientium mit Voraussetzungen von ἔγερσις / resurrectio – κατὰ τὰς γραφὰς, secundum Scripturas –, die zu kirchenrechtlichen Normen (canones) führen: *In* Christus stirbt man nicht; vgl. dazu Joh 11,25/26: *Ich bin die Auferstehung: ἡ*

ἀνάστασις

[ἀνα-στᾶσις] *und das Leben: καὶ ἡ ζωή [ewiges] …,* leibhaftiger λόγος im leiblichen (ὁ) βίος.

11  Siehe oben Anm. 3 (ebd.).

12  Siehe oben Anm. 6. Wer sich nicht selbst verteidigen kann, bedarf eines *Apologeten* vor den Richtern. Das ‚Zugeteilte' des Verteidigers hat sich aus dem Ursprung ergeben; vgl. dazu Διδαχὴ κυρίου διὰ τῶν δώδεκα ἀποστόλων τοῖς ἔθνεσιν [Didache]: II, 2: morde nicht ein Kind durch Vernichtung (οὐ φονεύσεις τέκνον ἐν φθορᾷ), und töte nicht das Geborene (οὐδὲ γεννηθὲν ἀποκτενεῖς).

13  Platon, *Politeia* 614 c 5–7. Vgl. dazu *Platons* ΑΠΟΛΟΓΙΑ ΣΩΚΡΑΤΟΥΣ 18 a 5/6: ob das recht ist oder nicht herauszufinden ist des Richters ἀρετή, die des Redners, die Wahrheit zu sagen: τἀληθῆ.

14  Pro Milone oratio 61.

15  De natura deorum: 1. Buch, 44/45.

16  Ebd. 46.

Urheber,

*inventor*

von *lex recta ratio* ist Gott: deus – Herrscher aller und Schieds-
richter: disceptator[17], denn es gibt Beunruhigendes in den einzelnen Menschen: turbulentum in hominibus singulis.[18] Die
(menschliche) Seele, decerptus ex mente divina und Ort des
Gewissens kann mit nichts anderem verglichen werden als mit
Gott selbst (: cum ipso deo), „wenn man das so sagen darf".[19]
Wenn sie nicht durch Irrungen geblendet wird, befindet sie
sich in absoluter Vernunft (: absoluta ratio), und eben das ist
*vir(-)tus* (siehe oben Anm. 3) im *Zustand von Freiheit*; libertas ist selbst kein Gesetz, sondern *im Gesetz(ten) gegeben*[20]:

„Was ist das für eine Weisheit, die ihm zu eigen ist (: σοφία ἡ δοθεῖσα τούτῳ)?" fragten viele, die Jesus (nach Mk
6,2/3) hörten, „Sohn der Maria" *eingeboren*. Sein „Bruder"
*im Dienst Gottes*: Jakobus versenkt den Blick „in das voll-
kommene Gesetz der Freiheit"[21], das „die Weisheit von oben"
ist (ἡ σοφία ἄνωθεν[22]):

Redet und handelt als solche, die durch das *Ge-setz* der
Freiheit *gerichtet* werden im entworfenen Urteil *des Guten:*
ἀγαθῶν[23], was im Vereinzelten – mit (vereinzeltem) Vermö-
gen zu unterscheiden – (durch Bildung mit Barmherzigkeit

---

[17]  De re publica: 3. Buch **22** (33).
[18]  Ebd. **21** (32). Siehe dazu Jak 1,13: Gott kann nicht zum Bösen versucht
      werden und bringt auch selbst niemand in Versuchung.
[19]  Tusculanae disputationes: 5. Buch, 38/39.
[20]  Libertas kann von *Buch* (: liber) abgeleitet werden. Siehe dazu die doxo-
      logische Satzung bei Mt 16,16/18 mit dem Maßstab der *absoluten Refle-
      xion* bei Joh 8,32 und 14,6 sowie bei Paulus (1 Kor 2,16) mit **voῦς Christi**
      (voῦν Χριστοῦ) in offenkundiger Schrift.
[21]  Jak 1,25: εἰς νόμον τέλειον τὸν τῆς ἐλευθερίας / in lege perfecta liber-
      tatis.
[22]  Ebd. 3,15.
[23]  Ebd. 2,12 und 3,17.

im Maßstab[24]) Anfechtungen der variationsreichen Habsucht standhält.[25] Darum verlangt gerade Freiheit Urteilskraft (was angemessen ist) und Selbstbeherrschung, *besser* zu werden im (erkannten) Guten mit Blick auf Gott selbst.[26]

In der *Pflicht* besser zu werden sind wir dann alle gleich mit Bezug auf den richtenden

## EPILOG –

den Menschen im Frühling *Erinnerungszeichen:*
„Ihr kennt den Weg" (: scitis viam[27]). Bekanntes soll erkannt werden.

---

[24] Siehe Joh 12,8: Denn die Armen habt ihr stets bei euch; Pauperes enim semper habetis vobiscum (dazu Mt 26,11 und Mk 14,7).

[25] Jak 3,15: diabolica. Siehe dazu oben Anm. 18.

[26] „Die menschliche Freiheit ist also etwas ganz anderes, als pure Ausgelassenheit", welche „die Schreier" verkünden, erklärt *Adalbert Stifter* den Lesern in seinem Beitrag *Was ist Freiheit?* In: *Der Wiener Bote* vom 22. Mai **1849** als Aufmachung (*online verfügbar* im Bestand der *Österreichischen Nationalbibliothek* in Wien: *http://data.onb.ac.at/rec/ AC09730651*):

[27] **Joh 14,4.**
Ob 2 Petr 1,16 mit „ausgeklügelten Fabeln" (σεσοφισμένοις μύθοις / captiosas fabulas) auch den ἀπό-λογος des „Er" bei und nach Platon mit Cicero angesprochen hat ist möglich im überlegten Augenzeugenbericht für **virtus** und **adventus JesuChristi** in Anwesenheit (: **παρ-ουσία**).
In Weisheit zu *erkennen* (und *anzuerkennen*) was angemessen ist, hat sich moralische Gesinnung in den Wissenschaften als *Ethos* erhalten.

# III.

*Nero als Apollo* und *Apocalypsis Ioannis*

# Nero als Apollo Citharoedus
## und *Apocalypsis Ioannis 13,18*[*]

„... ὅτι θέατρον ἐγενήθημεν τῷ κόσμῳ ...;
... quia spectaculum facti sumus mundo ...;
... denn zum Schauspiel sind wir geworden der Welt ...“[1]

Als Paulus – wohl von Ephesos aus um das Jahr 55 im ersten Brief an die ἐκκλησίᾳ τοῦ θεοῦ von Korinth – wo alle zwei Jahre am Isthmos die Isthmischen Spiele ausgetragen wurden – den Blick auf den Gekreuzigten und die Kreuzigung lenkte (1 Kor 2,2), bahnten sich in Roms Vaticanischen Gärten die Wettkämpfe der *Neronia* an, geplant von und für AVG(VSTVS) *Nero (als) Apollo Citharoedus*[2]:

---

[*] Mit Ergänzungen nach der Erstveröffentlichung in: Philotheos. International Journal for Philosophy and Theology 15 (2015), 47–50.

[1] 1 Kor 4,9. Paulus, von Beruf „Zeltmacher" (Apg 18,3: σκηνοποιός, scenofactoriae), wußte, daß es auf die *In-szenierung* ankommt, deren Anweisung *gegeben ist*. Dazu **ΚΑΤΑ ΙΩΑΝΝΗΝ** 1,14: **καὶ ἐσκήνωσεν ἐν ἡμῖν** (et habitavit in nobis).

[2] Vgl. dazu die Münze Abb. 10 bei Reinhard Wolters – Martin Ziegert: Umbrüche – Die Reichsprägung Neros und Domitians im Vergleich, in: Nero und Domitian. Mediale Diskurse der Herrscherrepräsentation im Vergleich. Hrsg. von Sophia Bönisch-Meyer u.a., Tübingen 2014 (43–80), S. 78 – dazu den Text S. 53 u. 63. Die von *www.romanatic.com/1167* gezeigte Münze wurde 64–66 in Rom geprägt:

*Abb. 2*

Unter den frühen Zuschauern der Auftritte Neros wird sein Erzieher Seneca gewesen sein, der auch gräzisierende Schauspiele verfaßte.

Es wird berichtet[3], daß die kaiserliche Claque der Reichshauptstadt für Stimmung sorgte: Sie bestand schließlich aus einer Körperschaft von 5000 Leuten, welche die Bezeichnung *Augustianer* trugen: „Der Hof hatte sie angeworben; sie waren durch Jugend und Körperkraft ausgezeichnet und trugen pomadisierten Haarschopf und prächtige Gewänder. Einige waren von Natur aus frech, andere hofften auf Machteinfluß. Diese ließen, wie es heißt, Tag und Nacht Beifall erschallen, legten immer wieder der Wohlgestalt und Stimme des Kaisers göttliche Bezeichnungen bei und rückten so seine Person schon in eine überirdische Sphäre. Dafür lebten sie, als ob sie wirkliche Verdienste besäßen, in Ruhm und Ehre. Die Anführer einzelner Abteilungen erhielten mit 400.000 Sesterzen im Jahr mehr Gehalt als ein kaiserlicher Procurator."[4]

## *I.*

Mit Bezug auf die Aufstellung im Stadion am Isthmos hatte Paulus das Evangelium als Maßstab benannt für „all diejenigen – die den Namen unseres Herrn Jesus Christus anrufen" (1 Kor 1,2) und um einen „unvergänglichen Kranz" rennen (ebd. 9,23–26): „Wer feststeht in seinem Herzen und nicht genötigt ist, sondern über seinen Willen verfügt und in seinem Herzen beschlossen hat, seine Jungfrau zu bewahren (ἑαυτοῦ παρθένον, virginem suam), der tut wohl: καλῶς ποιήσει, bene faciet". (Ebd. 7,37.) Ein Wettkampf ganz anderer Art ist für Korinth – Hauptstadt der römischen Provinz Achaia mit den Gewohnheiten einer Hafenstadt, mit einer *Jeunesse dorée* und Spielen am Isthmos angezeigt: der Wettkampf von Schein und Sein in höchster geordneter Sittlich-

[3] Vgl. Stephan Elbern: Nero. Kaiser – Künstler – Antichrist. Mainz 2010, 114 und Julian Krüger: Nero. Der römische Kaiser und seine Zeit. Köln [u. a.] 2012, 125.
[4] Krüger (wie Anm. 3), ebd.

keit, für die nicht Apollon als Beispiel steht, sondern der in seinem Herzen jungfräuliche Jesus [: *παρ θεός νοῦς*, vgl. dazu 1 Kor 2,16: νοῦν Χριστοῦ] mit direkter Aussprache[5] und durchaus mit der Kunst der Diplomatie vertraut.[6] Mit ihm sind die Gesetzlosen (: ἀνόμοις, sine lege) zu gewinnen für das Gesetz Christi (: ἔννομος Χριστοῦ, in lege essem Christi), 1 Kor 9,21.

Lauft in der Rennbahn um den Preis, den nur einer erlangt: 1 Kor 9,24.[7] Paulus (um 64 unter Nero in Rom hingerichtet) war – wie Plutarch (um 45 n. Chr. in Chaironeia geboren) – Römischer Staatsbürger. Beide haben sich nicht ausdrücklich mit *AVGVSTVS Nero (als Apollo Citharoedus)* zu seiner Zeit angelegt.[8] Plutarch vermied – ab etwa

---

[5] „... Ich bin es‘, ... ὅτι ἐγώ εἰμι, ... quia ego sum: Lk 22,70 und bei Joh 18,37: „... ich bin ein König‘, ... quia rex sum, ... ὅτι βασιλεύς εἰμι.

[6] Vor allem, wenn er ‚Du sagst es‘ (Tu dicis, σὺ λέγεις) *antwortet* wie dem Statthalter Pontius Pilatus – vgl. Mt 27,11; Mk 15,2; Lk 23,3; Joh 18,37 – dazu (vor dem Synedrium): „Ihr sagt es", ὑμεῖς λέγετε, Vos dicitis, Lk 22,70.

[7] Die Rennbahn der Isthmischen Spiele wird Paulus bekannt gewesen sein, denn nach Apg 18,11 war er „ein Jahr und sechs Monate" in der Stadt mit „viel Volk – des Herrn" (ebd. 18,9/10) – nicht allzu weit entfernt von Delphi.

[8] In *De E apud Delphos* erwähnt Plutarch Neros Griechenlandreise nur als zeitlichen Hinweis (385 B). Bereits Augustus wurde in seinem *Goldenen Zeitalter* Apollon angleichend vergöttlicht (divus) – nicht gleichgesetzt (deus); vgl. dazu Livia, das *goldene E* in Delphi *weihend angleichend* an Ἑστία (= Vesta – „denn die ist dieselbe": Cicero, *De natura deorum* II.67 und im 2. Buch von *De legibus*, XII/29 Ideal weiblicher Natur; als *diva* ist Livia nicht gleichgesetzt mit *dea* (Hestia-Vesta) oder mit [einer der] Vestalischen Jungfrauen in Rom, die dem Pontifex Maximus für den Erhalt des ewigen Feuers *verantwortlich waren,* ihm nicht untergeben: Bei ihnen – die Plutarch in *KIKERΩN:* 19 Ἑστιάδων παρθένων und ebd. 20 ἱεραί παρθένοι nennt – wurden Dokumente von zentraler Bedeutung hinterlegt wie das von *Tacitus* erwähnte Testament des Augustus, vgl. *Annalen* I.8). Zur (möglichen) Herkunft des Wortes **παρθένος: παρ θεά νοῦς**. Bezeichnenderweise verschweigt Plutarch die Weihung des Schwerts von Augustus an Apollon in Delphi [während er die Weihung von Livias

95 war er Priester in Delphi –, sich (moral- und erkenntnis-) philosophisch mit Apollon auseinanderzusetzen (das hatten längst große Dramatiker wie Euripides öffentlich getan[9]): „Zu töten ja bewog ich dich der Mutter Leib (μητρῷον δέμας)" sagt Schützer: φύλαξ hier als Beispiel in den *Eumeniden* von Aischylos (84) zu Orestes – der ‚Mutter Mörder‘ (bühnenmäßig), wie Nero – durch Veranlassung bei Agrippina *in natura*.

Offenbar hat der junge Nero mit seinem Erzieher Seneca die Tragödien eifrig gelesen und mit Apollon als *eine* der dramatischen Personen [Τὰ τοῦ δράματος πρόσωπα[10]] im Laufe der Zeit eine *Apollomanie* entwickelt, die von der in der Kaiserzeit üblichen ‚Angleichung‘ abwich:

princeps – pontifex maximus – artifex.

Klassiker der ironischen Mitteilung hatten einst „dem Apollon (!) und seinem Delphischen Tempel", wie Sokrates mit Blick auf die *inverse Wirkung* berichtet, den Spruch (ῥῆμα) ‚Erkenne Dich selbst‘ gewidmet (wobei bemerkt werden muß, daß widmen etwas anderes bedeutet als weihen), kurzum ein Spruch, der fortan „in aller Munde ist: πάντες ὑμνοῦσιν" (Platon: Protagoras 343 a/b).

---

goldenem E‘ – auch als *lunares*: Ϲ nachweisbar – angibt (385 F)], dazu Dietmar Kienast: Augustus. Prinzeps und Monarch. Darmstadt (5. Aufl.) 2014, S. 462 – Anm. 38:

[9] Beispielsweise in Ion 436ff. – mit der Pointe, daß Apollon sich gesetzlos zeige, sine lege, und der Aufforderung (Ions) an ihn: ἀρετὰς δίωκε, Übe Tugend! Vgl. dazu meine Besprechung von [Hendrik Obsieger:] Plutarch: *De E apud Delphos*. In: Philosophischer Literaturanzeiger 67 (2014), 5–8.

Einige *Spätabiturienten* sehen noch heute mit Apollon ihren „Weg der Erkenntnis".

[10] Kluger Sinn [σωφρονοῦντες ἐν χρόνῳ] kommt *schließlich* durch Athena (Aischylos, *Eumeniden* 1000).

A-pollon war ein Fangschluß (für die Einbildung) gewesen, der sich weder logisch noch moralisch verteidigen ließ – ‚Apollon' sein Platzhalter[11]:

Virtuose der Verstellung.

Wirklich leben will man anders.[12]

Das Christentum hatte von Anfang an die kompromißlose Bindung an *Sittlichkeit – der Natur eingeschrieben* durch den λόγος, der mit Jesus „unter uns gewohnt hat" (Joh 1,14). Durch die Bindung an Sittlichkeit steht das frühe Christentum vor allem der Platonischen *Philosophie selbst* nahe, ohne mit ihr identisch zu sein.[13]

---

[11] Der Fangschluß hat die Beschränkung in sich. Ihm fehlt ἀνα-λογία als gegenseitiges *Verhältnis mit dem schönsten Band* (**desmos**) *inmitten –*

*unauflösbar: Drittes in Einem,* △ **sýn-des**is*,

welche comparatio oder proportio (Cicero) *bewirkt … auf daß alle eins sein werden* im *(Ab-)Bild des Denkbaren*: εἰκὼν τοῦ νοητοῦ θεὸς αἰσθητός als Voraussetzung: Platon, *Timaios* 31 c 1–3; 32 a 6/7; 92 c 7 *nach* den ὑποθέσεις τὰς πρώτας in *Phaidon* 107 b 5 in Relationsontologie; vgl. dazu Joh 17,11 und 17,21 in Bezug auf die Relationstheologie. Da die Relations*ontologie* und die Relations*theologie* unterscheidbar (und verbunden) auftreten, haben sich Extremkletterer auf den Weg gemacht.
Als *Kunstwerk* in Marmor *im Scheinwerferlicht* blieb Apollon erhalten, überlebensgroß, angeschlagen und restauriert, vgl. *Apollo Kitharoidos Berlin SK 44.* In natura möchte man ihn nicht sehen. Er lockert die Sitten und stiftet zum Mord an.
 * Die **sýndesis** hat einen ‚Schnittpunkt' als Zusammenhalt, das in Anm. 8 angezeigte *E als lunares* hatte einen Mittelpunkt als Zusammenhalt (vgl. meine Rekonstruktion *Hestia.* Heidelberg 1998).

[12] Da keiner sein eigenes Gesicht authentisch sehen kann, ist der Spruch Γνῶθι σαυτόν – das Rhema von Delphi in aller Munde – in der Philosophie selbst Spiegel geworden, spekulatives System von Selbst-Verhältnissen.

[13] Vgl. dazu Denis J.-J. Robichaud: *Plato's persona: Marsilio Ficino, Renaissance humanism, and Platonic traditions.* Philadelphia 2018.

## II.

Mit der Kreuzigung war *das Kreuz des Gekreuzigten* in den Vordergrund getreten als *Verbindungszeichen von etwas darin Verborgenem*, was Nero im status des divus wohl ahnte, vielleicht sogar begriff.[14] Seinen Spitzenbeamten werden die Sendschreiben von Paulus aus Korinth im Frühjahr 58 an die ‚Heiligen in Rom', deren Glaube gerühmt wird auf der ganzen Welt: in universo mundo (Röm 1,7/8) bekannt geworden sein, denn Paulus verkündete durch die Gemeinde in Rom der ganzen Welt die Rechtsordnung Gottes: **iudicium Dei** (Röm 1,32), die im Kreuz verborgen ist als Verbindungszeichen JesuChristi:

**+**

und mit ihm auch der THEOTOKOS.

Der Brand Roms im Juli 64 wurde zwar nicht von Nero gelegt, doch durch ihn veranlaßt wie (u. a.) der Mord an seine Mutter Agrippina. Er legte den Brand Roms den Christen zur Last und steigerte seine Apollomanie in gefallsüchtiger Annahme von

νέος Ἀπόλλων:

Während des Krieges in der *römischen* Provinz *Iudaea* (in dem es wohl vor allem darum ging, wer das Recht weist: *iudex*) besuchte Nero 66/67 Griechenland, genau genommen veranstaltete er eine (Künstler-)Tournee mit und zu Claqueuren, die ihm Altäre stifteten[15]: „Eine Besonderheit sind

---

[14]  Der (legitime Adoptiv-)Sohn eines Vergöttlichten (divus) war Divi filius) und nicht (der geglaubte und erkannte) Sohn des lebendigen Gottes: Filius Dei vivi nach Mt 16,16;
das *Rhema* von Delphi war nicht *Logos* von Gott: Apg 13,5 – mit einem Johannes als minister, Ἰωάννην ὑπηρέτην.

[15]  Nero war um die 30 Jahre alt, Plutarch um 22.

mehrere Altäre in Athen, die Nero als νέος Ἀπόλλων geweiht waren".[16] Vielleicht war der junge Plutarch anwesend.
Von der Sittlichkeit abgesehen fehlte dem griechischen Gott
Apollon die Inkarnation. Nero hatte seine Herkunft. An den
Inhalt der Sendschreiben von Paulus *per fidem Iesu Christi*
(Röm 3,22) war nicht heranzukommen. Vermutlich wußte
das auch Plutarch, als er die in Anm. 8 erwähnte Schrift über
das E (auch als *lunares*) apud Delphi als ein Gespräch von
‚damals' verfaßte.

## *III.*

Etwa gleichzeitig wie Plutarch in Delphi während der
Niederschrift von ‚damals' schrieb Johannes als Verbannter
unter Domitian auf der Insel Patmos die Apokalypse im Hinblick auf das, was er geschaut hatte und zum Ausdruck bringt
gegen das Tier: Τò θηρίον, bestiam, „das war und nicht ist
und wieder dasein wird: παρέσται, aderit" (Apok 17,8) gegen
das Wort Gottes: ὁ λόγος τοῦ θεοῦ, Verbum Dei (ebd. 19,13),
König der Könige und Herr der Herren (ebd. 19,16).[17] *Im Wi-*

---

[16] In fünf von diesen taucht die Anrufung Neros als νέος Ἀπόλλων auf;
vgl. Sophia Bönisch-Meyer – Christian Witschel: Das epigraphische
Image des Herrschers. Entwicklung, Ausgestaltung und Rezeption der
Ansprache des Kaisers in den Inschriften Neros und Domitians, in:
Nero und Domitian (o. Anm. 2), 81–179, S. 126 mit Anm. 204. [Abb. 3,
ebd. S. 177, zeigt einen Altar, auf dem die Zuschreibung Νέρωνος νέου
Ἀπόλλωνος in Umsetzung der *damnatio memoriae* getilgt worden ist,
dazu ebd. S. 153.] Vgl. auch Christian Witschel: Nero im Spiegel der Inschriften. In: Nero – Kaiser, Künstler und Tyrann. Begleitband zur Trie-
rer Ausstellung 2016, hrsg. v. Jürgen Merten, Darmstadt 2016, 97–105,
S. 103 Abb. 6.

[17] Ἀποκάλυψις [Ἰωάννου] setzt die Frohe Botschaft Gottes [εὐαγγέλιον
τοῦ θεοῦ; evangelium Dei] vom Reich Gottes [: βασιλεία τοῦ θεοῦ;
regnum Dei] voraus: In Mk 1,14/15 hat es sich genaht [: ἤγγικεν; ap-
propinquavit], in Apocalypsis Ioannis ist es durch die ‚Bestie' im Dienst
des ‚Drachen' (jederzeit) gefährdet [woran z.B. *Traian* – unter dem

*derspruch* gegen die Bestie mit der Zahl 666 (ebd. 13,18) ist *das Wort Gottes* Allherrscher: παντοκράτωρ, omnipotens (ebd. 15,3) und so Autorität oder höchste Instanz.

Wer Vernunft hat: νοῦν; intellectum bemerkt die Verschiedenheit zwischen dem Lamm: τῷ ἀρνίῳ, Agnum und seiner Gefolgschaft als *Erstlinge für Gott* unter den Menschen (ebd. 14,4) von der Bestie mit der Zahl sechshundertsechsundsechzig, „eines Menschen Zahl" – mit *Nero als Charakterstudie* in „Babylon magna" (ebd. 18,2), „trunken vom Blut der Heiligen und vom Blute der Zeugen Jesu: et de sanguine martyrum Iesu" (ebd. 17,6).[18] Idol von *Großbabylon* als Reichshauptstadt ist der *Verderber* „und sein Name auf griechisch Ἀπολλύων" (ebd. 9,11).[19]

Die ‚Bestie' ist Merkmal eines (wild gewordenen) Menschen, der dem ‚Lamm' und seinem Gefolge nachstellt zum (blutigen) Zeugnis für *Treu und Wahr:* πιστὸς καὶ ἀληθινός, Fidelis et Verax, dem König im Himmel, der richtet und streitet mit Gerechtigkeit: in iustitia (ebd. 19,11) gegen die Bestie und Könige der Erde (ebd. 19,19):

Verstellung ist ausgeschlossen.

Die Grundlegung staatlicher Autorität ist nicht Thema von *Apocalypsis*, die Johannes selbst ‚Apocalypsis Iesu Christi'

---

Ignatius von Antiochien in Rom durch ‚damnatio ad bestias' den Löwen zum Martyrium ausgesetzt worden ist – *als Portrait-Gemme (Römisch, 98–102 n. Chr.)* in einem *Bischofsring* erinnert: Inv. L 322 vom Kölner Domschatz; Katalog-Nr. 133 auf S. 79 von *Die Schatzkammer des Kölner Domes/Leonie Becks*, Köln 2000: ISBN 3-922442-41-2].

[18] Dazu Krüger (wie Anm. 3): „Hinter der Zahl 666 verbirgt sich der Name Nero, dessen einzelnen Buchstaben ein Zahlenwert (der hebräischen Schrift) zugeordnet durch Summierung für die Eingeweihten den Namen des Kaisers ergibt *(Neron Kesar)*." Ebd. 259.

[19] Wohlwollend wird Apollon mit Sol in Verbindung gebracht (Quem solem esse volunt, vgl. Cicero, *De nat. deorum* II.68), absolut glänzend – von Natur aus gefallsüchtig; Apollyon: eine apokalyptische Beschwerde mit versteckter Kamera auf *Neron Kesar.*

nennt (ebd. 1,1). In „Babylon magna" waren die Schriften von Cicero (106–43 v. Chr.) u. a. *Über den Staat:* De re publicam und *Über die Gesetze:* De legibus *stillschweigend* bekannt, *Über die Pflichten:* De officiis und *Über das höchste Gut und das größte Übel:* De finibus bonorum et malorum. Im Ringen um eine Weltordnung hatte Cicero in Anlehnung an Platon erkannt, wie wichtig es ist, einen Maßstab zu haben, der die sittliche Qualität eines Staates ausmacht, welche im Wissen um göttliche und menschliche Dinge *Werk der Weisheit* ist: opus sapientiae.

# IV.

*Hegel und die ,Gottesmaus' (WS 1825/26)*

# ÜBER ANERKENNUNG:
## Im Philosophicum gehts um die ‚Gottesmaus'
## (Hegel: WS 1825/26)*

Im Wintersemester 1825/26 wurde Hegel von einem Kaplan der katholischen St. Hedwigs-Kirche in Berlin [ab 1930 -Kathedrale] – der Hegels Veranstaltungen an der nahe gelegenen Universität besuchte – beim ersten Kultusminister in Preußen: Karl vom Stein zum Altenstein verklagt, in seinen *Vorlesungen über die Geschichte der Philosophie* öffentlich die katholische Religion verunglimpft zu haben durch Äußerungen wie, daß eine Maus, die an der (geweihten) Hostie geknabbert habe, in der katholischen Religion göttliche Verehrung genieße im Zusammenhang mit Transsubstantiation als (im Grunde philosophischer) Ausdruck für ἀνάστασις / resurrectio *in Verheißung der Eucharistie.*[1] Der Minister erbat von Hegel eine Stellungnahme. Sie ist datiert auf den 3. April 1826.[2]

---

* U.a. **mit Ergänzungen archivalischer Recherchen** nach der Erstveröffentlichung in: Philotheos. International Journal for Philosophy and Theology 14 (2014), 202–204.

[1] Die *Hostie* ist nach Vorschriften des katholischen Kirchenrechts: Codex Iuris Canonici gebacken und vom Priester geweiht.

[2] Ich zitiere nach G. W. F. Hegel: *Werke in zwanzig Bänden.* Theorie Werkausgabe Suhrkamp Verlag. Bd. 11: Berliner Schriften 1818–1831, 68–71: Über eine Anklage wegen öffentlicher Verunglimpfung der katholischen Religion. Hegels Schreiben ist laut *Erstdruck* 1857 bei Haym – vgl. unten Anm. 5; ebd. 510 ff. – gerichtet an ‚Freiherrn v. Altenstein, Minister der Geistlichen=, Medicinal= und Unterrichts=Angelegenheiten, Excellenz. P.P.' [Laut Auskunft von Dr. Ralf Breslau von der *Staatsbibliothek zu Berlin – Preußischer Kulturbesitz* vom 2. Dezember 2013 befand sich das *Original des Schreibens* bis zur Verlagerung während des 2. Weltkrieges in der *Sammlung Autographa der Preußischen Staatsbibliothek,* die in der *Biblioteka Jagiellońska* in Kraków aufbewahrt wird, wo es sich

In seinen Vorlesungen – bemerkt Hegel – habe er „wie bei
der Philosophie der Kirchenväter über die christliche" so bei
der scholastischen Philosophie „über die katholische Religion notwendig zu sprechen gehabt", genau genommen über
deren „Mittelpunkt", die Hostie (69).[3]

nach Mitteilung von deren Handschriftenabteilung durch Mgr Joanna
Jaśkowiec vom 2. Januar 2014 befindet.]
Propst der St. Hedwigs-Kirche war 1825–1827 Hubert Auer aus Bin-
gen am Rhein (1780–1838 in Trier), (Ehren-)Domherr der Kathedral-
kirche zu Breslau und Fürstbischöflicher Delegat für Brandenburg und
Pommern, Consistorial Rath; erster (oder Ober-)Kaplan war Nikolaus
Fischer, der Auers Amt (1829) übernahm, da Auer drei Wochen nach
Hegels Brief vom 3. April 1826 am 25. April 1826 *mittelst Allerhöchster
Cabinets-Order vom 17ten d. M.* zum Dompropst in Trier ernannt worden war. (Einblick in *Acta betreffend den Etat für die Verwaltung der
St. Hedwigs-Kirchen-Kasse zu Berlin* mit Bezug auf *Katholisch-geist-
liche Angelegenheiten* in: *Geheimes Staatsarchiv – Preußischer Kulturbesitz:* GSTA PK, I HA Rep.76 Kultusministerium, IV Sekt. 6 Abt
XXIV Nr. 3 Bd. 1–2). Laut *Allgemeiner Wohnungsanzeiger für Berlin
auf das Jahr 1826* wohnte und amtierte Auer (und auch Fischer) *hinter
der kathol. Kirche 4;* durch den Bombenangriff Anfang März 1943 auf
die St. Hedwigs-Kathedrale wurde deren Pfarramt zerstört: die Archi-
valien verbrannten.
Im *Bistumsarchiv Trier:* BATr Abt BIII 2,29 ist die *königliche* Ernennungsurkunde Auers zum Trierer Dompropst vom 25ten April 1826 in
Abschrift aufbewahrt (*gezeichnet Friedrich Wilhelm ; gez. Altenstein*)
mit Schriftverkehr der Opportunitäten im ‚öffentlichen Interesse' sowie die *päpstliche* Ernennungsurkunde vom 17ten Februar 1827; Auers
Briefe aus Berlin an den Bischof von Trier berühren zudem Konstellationen des Ab-soluten, vgl. (dazu unten Anm. 11 und) die Darstellung der katholischen Kirchenverfassung im Regierungsbezirk Koblenz
nach dem Allgemeinen Preußischen Landrecht von Dompropst Auer
im *Bistumsarchiv Trier* unter BATr Abt 59 Nr. 3.
H(ubert). Auer ist Verfasser von *Christkatholischer Katechismus für
die untern Klassen der Schuljugend ...,* der in 1. Auflage 1814 und in
6. verbesserter Auflage 1833 erschienen ist: die vierte verbesserte 1824
in Frankfurt am Main mit einer *Voreinnerung* (V–IX). [Vgl. dazu (Jo-
hann Georg Zimmer:) *Die Bestimmung des evangelischen Geistlichen.*
Heidelberg 1815, Neuausgabe Heidelberg 2016.]

[3] Dem Versteigerungskatalog von 1832 über Hegels Bibliothek ist zu ent-
nehmen, welche diesbezüglichen Titel er besessen hat (herausgegeben
von Helmut Schneider in *Jahrbuch für Hegelforschung* 12–14 [2010],

Mit Origenes beginnt die wissenschaftliche Auslegung des Evangeliums. Keiner der übrigen Evangelisten – sagt er in *ComJoh* I,4 – hat Jesu Gottheit so rein enthüllt wie Johannes, der Ihn uns vorstellt, wie Er die ‚Ich bin ...‘-Sätze spricht,

‚*Ich bin das Brot des Lebens*‘ (Joh 6,35 und 6,48)

beispielsweise, *hier als*

## Voraussetzung

*in Rücksicht* auf Hegels diesbezügliches Philosophicum, genauer: ‚Ich bin das lebendige Brot, das vom Himmel herabkam. Wenn einer von diesem Brot ißt, wird er leben in Ewigkeit; das Brot aber, das ich geben werde, ist mein Fleisch für das Leben der Welt.‘ (Joh 6,51) In ihm – dem (notwendigen) Fleisch seiner *Menschwerdung (die nicht symbolisch ist)* und Brot für das Leben ist es der Geist: τὸ πνεῦμά, der lebendig macht (Joh 6,63) im Vollzug des Glaubens durch **Anerkennung des *neuen Wegs***, welcher der Hostie eingeschrieben ist[4]: ‚Ich bin‘-(durch) Incarnation in der Gestalt des Brotes ‚Leib Christi‘ gegenwärtig.

Hegel wußte wohl, daß der Maus die (erforderliche) **Bestätigung** durch das ausgesprochene ‚**Amen**‘ abgeht, die **An*erkennung,*** wodurch der die Hostie Empfangende *würdig* in das dramatische Geschehen der Wandlung *selbst in Fleisch (und Blut)* einbezogen ist. In seiner Rechtfertigung schreibt er (69) „könnte ich mich auf das Recht des mündlichen Vortrags berufen, dessen Sinn, in Rücksicht auf beiläufige Erwähnungen wenigstens, oft auf Nuancen selbst des Tons der

---

69–145); noch in seinem Todesjahr: 1831 hatte er den gerade erschienenen Johannes-Kommentar des Origenes erworben (vgl. Nr. 331 im Versteigerungskatalog). Um 218/19 hatte Origenes in Alexandria mit dem Johanneskommentar angefangen.

[4] Die *Selbstoffenbarung* bei Joh 6,35–59 wurde in der Synagoge zu Kapharnaum vorgetragen (vgl. Joh 6,59).

Stimme beruht und der daher durch leichte, unscheinbare Abweichungen, Weglassungen oder Zusätze verändert, ja gänzlich verkehrt werden kann, und ich erinnere mich bestimmt, hierbei zum Teil ganz in unbestimmtem, hypothetischem Sinne gesprochen zu haben."[5] Die Veranstaltung war demzufolge zum Teil Unter*haltung*; *zur Sache* bezeichnet Hegel sich grundsätzlich „als lutherischen Christen", der die katholische Lehre von der Hostie „kurzweg" ablehnt (69).

Das „kurzweg" stimmt nicht ganz mit dem überein, was er bei Luther selbst bemerkt und (u. a.) in den *Vorlesungen über die Ästhetik* geäußert hat: „Der katholischen Lehre nach z. B. ist das geweihte Brot der wirkliche Leib, der Wein das wirkliche Blut Gottes und Christus unmittelbar darin gegenwärtig, und selbst dem lutherischen Glauben nach verwandelt sich durch den gläubigen Genuß Brot und Wein zu dem wirklichen Leib und Blut. In dieser mystischen Identität ist nichts bloß Symbolisches enthalten, das erst in der reformierten Lehre dadurch hervorkommt, daß hier das Geistige für sich von dem Sinnlichen losgetrennt und das Äußerliche dann als bloße Hindeutung auf eine davon unterschiedene Bedeutung genommen wird."[6]

Zu den *„drei Mauern"*, die Martin Luther 1520 *„angreifen"* wollte, gehörte *nicht ausdrücklich* der Mittelpunkt

---

[5] Die Beschwerde gegen Hegel wurde nicht weiter verfolgt. Minister v. Altenstein hatte den vortragenden Rat Dr. Joh. Schulze beauftragt, Hegel „in vertraulicher Weise aufzufordern, wegen der gegen ihn erhobenen Beschwerde sich des Näheren auszulassen", berichtet Rudolf Haym in *Hegel und seine Zeit*, Berlin 1857, 510: Der Minister „begnügte sich mit einer ihm durch den Geh.=Rath Schulze gemachten vertraulichen Mittheilung der Rechtfertigung Hegel's."

[6] In *Werke* (vgl. Anm. 2) Bd. 13, 420. Hegel hat sich einige Male über die Bedeutung der Hostie im ‚lutherischen Glauben' und ‚der reformierten Lehre' geäußert [zumal in den *Vorlesungen über die Philosophie der Religion: Die absolute Religion. Das Reich des Geistes*]; die oben zitierte Stelle komprimiert diese Ausführungen.

des Glaubens, die Eucharistie, wiewohl sie davon berührt wurde.[7]

---

[7] Luther übersah u.a. (in: *An den Christlichen Adel deutscher Nation*), daß sich *als Folge des Angriffs auf auctoritas* (in traditio und religio) subjektive *Autoritarismen* einstellen (können und werden), welche eigene Wege (auch im Umgang mit Texten) durchsetzen (was in Renaissance-Humanismus so vermieden ist: Von Mystras aus hatte Πλήθων zuvor die *Philosophie Platons* – vor allem dessen *Nomoi* – wieder in Bewegung gebracht, zumal in Florenz um Cosimo de' Medici mit Marsilio Ficino, aber auch mit Nikolaus aus Cues an der Mosel, der ‚das Absolute' *erneut* in die Debatte brachte; Johannes Eck nennt *Cusanus* 50 Jahre nach dessen Tod 1514 in CHRYSOPASSVS (CENTVRIA PRIMA VII, fol. A II[r]) *magnū Germaniae lumen*. [Der Chrysopassus Eccii wurde 1520 vor dem Elstertor zu Wittenberg verbrannt, was Luther am 10. Dezember Spalatin mitteilte (Brief Nr. 361: WA BR 2, 234)]). Hegel sagt in den *Vorlesungen über die Geschichte der Philosophie* mit Bezug auf die spätere Reformation: „Noch bis auf diesen Tag werden wir in der katholischen Kirche und ihrem Dogma die Anklänge und gleichsam die Erbschaft von der Philosophie der alexandrinischen Schule finden; es ist in ihr viel mehr Philosophisches, Spekulatives als in dem protestantischen Lehrbegriff, Dogmatik, wenn überhaupt in dieser noch ein Objektives ist und sie nicht ganz leer gemacht ist, in der dann der Inhalt mehr geschichtlich, in der Form der Geschichte gehalten ist, wodurch die Lehre trocken wird. Die Verbindung der Philosophie mit der Theologie des Mittelalters ist in der katholischen Kirche der Hauptsache nach erhalten worden; im Protestantismus dagegen hat sich das subjektiv religiöse Prinzip von der Philosophie getrennt, und erst in ihr ist es dann auf wahrhafte Weise wieder auferstanden"
(vgl. oben Anm. 2: Bd. 20, 54/55) und kreist um den Wert von Werten.

Zum sich bildenden Protestantismus vgl. den aus dem Jahr 1535 im Februar 2016 durch die Universität Erfurt öffentlich gewordenen anonymen handschriftlichen Bericht *Von der Zwispaltung so sich des glaubens vnnd Religion halb[en] Jm 1517. Jar Jn teutscher Nacion hatt angefangennen* ... In: Thüringisches Staatsarchiv (ThStA) Gotha, Geh. Archiv XX I 1a, Bl. 1/2[r]–207[v].

Dazu die **Grabplatte** des *Priesters – in liturgischer Kleidung und in Konsekrationshandlung:*
**Pfarrer Wipertus Rorici** (Wipert Rorich),
**Grablegung 1475**/6 (lt. Testament:) *in ecclesia parrochiali,*

neben einer Grabplatte aus reformatorischer Zeit **an der Außenwand** der zu Lebzeiten Luthers (schrittweise nach 1530) *evangelischen Martinskirche in Bad Ems:*

42

*Abb. 3* ***in konfessionellen Prägungen:*** Hostie und Kelch wurden entfernt; *aufgenommen am 9. Juli 2016, eigenes Foto.*[8]

[8] Vgl. dazu: Beiträge zur Geschichte der Stadt Bad Ems. Hrsg. von Adolf Bach. Bad Ems 1925 [darin Abb. 9 nach S. 32ᵛ zu Paul Wagner:

Die *Selbstoffenbarung* bei Joh 6,35–59 ist unteilbare Substanz Christlichen Lebens; **durch (Sein) Mensch geworden** sein (**σάρξ/caro**: Joh 1,14) *in pneuma* **leben**: Joh 6,63 – mit anspruchsvollen Forderungen an den Leib: Er spiegelt die göttliche Menschwerdung wider, die ihren Sinn im λόγος hat, *der im Anfang war:* In principio erat Verbum (Joh 1,1 *und* 1,14).

In-carnatus (est) steht für den *immerwährenden (*Neu-*) Anfang Christlicher Heilsgeschichte* mit ἱεραρχία.[9]

Die *Selbstoffenbarung* bei Joh 6,35 ff. geht der Mitteilung über das Abendmahl bei Joh 13,2 ff. voraus.[10] Origenes nennt das Evangelium nach Johannes ‚Erstling' *der Evangelien als ‚Erstlinge'* – Erstling der Erstlinge (*ComJoh* I.2 und I.4).

Hegel wollte sich amtsbewußt rechtfertigen – auch gegen eine rohe Vorstellung (die schon bei Johannes zur Sprache kommt: 6,52) – ohne ganz abseits zu stehen (vgl. Joh 6,66/67). Die Herausforderung durch den Kaplan der St. Hedwigs-Kirche bzw. durch dessen Vorgesetzten: Propst und Consistorial Rath Hubert Auer im Wintersemester 1825/26 um die ‚Gottesmaus' im Kontext von Eucharistie und Transsubstantiation brachte ihn in Verlegenheit um **Anerkennung**, die mit *Erkenntnis der* **Substanz des Glaubens** zu tun hat[11]:

---

Ein Emser Pfarrer in vorreformatorischer Zeit, S. 34–47 und Adolf Bach: Die kirchlichen Verhältnisse in der Vogtei Ems von der Reformation bis zum Ausgang des Dreißigjährigen Krieges. Ebd. S. 48–85] sowie Hans-Jürgen Sarholz: Geschichte der Stadt Bad Ems. Bad Ems, 2. überarb. Aufl. 1996, S. 135 ff. Siehe auch *Herrschaft und Glaubenswechsel. Die Fürstenreformation im Reich und in Europa in 28 Biographien.* Hrsg. von Susan Richter und Armin Kohnle. Heidelberg 2016 sowie meine Besprechung von [Markus Friedrich:] Die Jesuiten. In: *Philosophischer Literaturanzeiger* 70 (2017), 62–65.

[9] Nicht jede Rangordnung ist *Hier*archie. Hierarchie unterscheidet sich bewußt von politischen und gesellschaftlichen Rangordnungen.

[10] Vgl. dazu Mt 26,26; Mk 14,22; Lk 22,19.

[11] Die in Anm. 2 erwähnte *Ernennungsurkunde als Dom Probst zu Trier* von *Wir Friedrich Wilhelm von Gottes Gnaden, König von*

**Die Hostie an und für sich ist was sie ist –**

geheiligt mit der *Selbstoffenbarung* bei Johannes, *immer durch* in(-)carnation/ἐνσάρκωσις in Gestalt des Brotes *untrennbar verbunden* mit ‚den Zwölfen', die (dieses) ‚geglaubt und erkannt haben' mit **Anerkennung** des Verhältnisses durch ‚wir' – von Petrus ausgesprochen: *‚Du bist ...'* (Joh 6,69): σὺ εἶ ...; *tu es...*) ‚der Heilige Gottes': ὁ ἅγιος τοῦ θεοῦ/Sanctus Dei – in Gründung von Christlicher *Hierarchie.*

XPICTIANA RELIGIO ist deshalb keine Religions-*theorie*; sie **präsentiert** sich **durch** („Ich bin ...") Incarnation – Brot – Leben und *re-präsentiertem (apostolischem) „Du bist ..."* mit **Anerkennung im ‚Amen' des Gläubigen**, der dadurch selbst in das Geschehen – in Gemeinschaft (des Glaubens) – ganz einbezogen ist und nicht nur symbolisch.[12]

Hegel wußte, wo die philosophischen und theologischen Frontlinien verlaufen und daß man sich beim ‚aufheben' des Einen leicht verheben kann. Hinterlassen hat

*Preußen* ... (vom 25. April 1826) bemerkt, daß Auer „besonders der ihm untergebenen Geistlichkeit mit gutem Beispiel" vorangegangen sei. Vgl. dazu die *päpstliche* Ernennungsurkunde (vom 17. Februar 1827) *In Nomine Domini* ... (Zu ab-soluten Konstellationen vgl. Raffaele Farina: Costantino il Grande, primo imperatore cristiano. L' imperatore e il vescovo bibliotecario di Cesarea. In: Josep Vilella Masana (ed.): *Constantino, ¿el primer emperador cristiano?* Religión y política en el siglo IV, Barcelona 2015 [Kongreßband], 31–36, dazu ders. in: Studi Romani LXII – NN 1–4: 2014, 5–21 und Katharina Comoth: *Pax universalis. Philosophie und Politik in Dantes ‚Monarchia'.* In: (dies.:) Mediaevalia Moderna im Gange des Denkens von Augustinus bis Hegel. Heidelberg 1988, 29–41.)

[12] Repräsentanten in Hierarchie, die das ‚Amen' *des Gläubigen* nicht abwarten oder (diese ausdrückliche persönliche Anerkennung in der Gemeinschaft des Glaubens) nicht abzuwarten bereit sind, erfüllen ihren Auftrag in einseitiger Weise: Für sich genommen überleben sie nicht eine Generation.

er die Frage was es bedeuten könnte, sich philosophisch Gott zu nähern.[13]

---

[13] In der *Wissenschaft der Logik* hat Hegel mehr „ausdrücken" wollen als in der Bibel über den Geist Gottes *im* Anfang (Gen 1,1 und erneut nach Joh 1,1) gesagt wird: Hegels angestrebte „*Darstellung Gottes*", wie er „*in seinem ewigen Wesen vor der Erschaffung der Natur und eines endlichen Geistes ist*" (Einleitung. Allgemeiner Begriff der Logik), müßte *logischerweise* und absolut treffsicher mit dem ganzen Ernst des Gegenstands *Gott (selbst) sein in (ewig wesentlich) belebender Ordnung.* Vgl. dazu Katharina Comoth: Gott selbst und die Idee. Heidelberg 2009.
Neuerdings hat Pirmin Stekeler-Weithofer in seinem Aufsatz *Hegel wieder heimisch machen.* In: Philosophische Rundschau 63 (2016), 3–16 verblüffende Sätze *vom Stapel gelassen wie*: „Lange vor Nietzsche ist für Hegel Gott als gegenständliche Person tot. Und lange vor Darwin erklärt er: Gott ist das Nichts" (ebd. S. 13), *wodurch seine Ladung in Lösung der religiösen Identität im Hinblick auf den* νοῦς **Christi** (1 Kor 2,16: νοῦν Χριστοῦ) und auf Hegels eigene Texte mit ihrem spitzesten Pfeil: das Ab-solute der *Idee* und *Methode* in ethischer Ver**antwort**ung mit λόγος, ῥῆμα und πρόσ-ωπον gefährlich ins Rutschen kommt.

## Nachweise

*Abb. 1:* Pablo Picasso: Zeichnung für Bühnendekoration Œdipus Rex, Théâtre des Champs-Élysées – Paris: 19. Dezember 1947 nach *Picasso und das Theater.* Ausstellungskatalog, hrsg. von Olivier Berggruen und Max Hollein. Verlag Hatje Cantz [Ostfildern] 2006, 224.
© Succession Picasso / VG Bild-Kunst, Bonn 2018.

*Abb. 2:* As, 64–66 n. Chr. in Rom, Vs.: NERO CLAVDIVS CAESAR AVG GERMANIC, Kopf des Nero mit Strahlenkrone nach rechts; Rs.: PONTIF MAX TR POT IMP P P / S – C / I (im Abschnitt) belorbeerter Nero als Apollo Citharoedus nach rechts schreitend, Lyre haltend, RIC$^2$ 211 (S); BMC 256; WCN 272, **Romanatic-ID: 1167**, siehe *www.romanatic.com/1167:* Bild (und Zustimmung vom 5. Juli 2018 für die Veröffentlichung hier) von *Numismatica Ars Classica NAC AG.*

*Abb. 3:* *Grabplatte des Priesters und Pfarrers Wipertus Rorici (1475/6) an der Außenwand der evangelischen Martinskirche in Bad Ems.* Eigenes Foto (aufgenommen am 9. Juli 2016).

[PROLOG] *Ein tragischer Fall: ΑΝΤΙΓΟΝΗ von Sophokles.* ERSTVERÖFFENTLICHUNG.

*Jenseits von ,Frühlings' Erwachen: Platons Politeia 614 b 2 ff. und das ,Gesetz der Freiheit'.* ERSTVERÖFFENTLICHUNG.

*Nero als Apollo Citharoedus und Apocalypsis Ioannis 13,18.*
**Mit Ergänzungen** nach der Erstveröffentlichung in: Philotheos. International Journal for Philosophy and Theology 15
(2015), 47–50.

*Über Anerkennung: Im Philosophicum gehts um die ‚Gottes-
maus' (Hegel: WS 1825/26).* U. a. **mit Ergänzungen archivalischer Recherchen** nach der Erstveröffentlichung in: Philotheos. International Journal for Philosophy and Theology 14
(2014), 202–204.

*Hinweis*

Von der Autorin erschien [seit 1986] im Universitätsverlag
Winter in der Reihe *Beiträge zur Philosophie* zuletzt

*Gott selbst und die Idee.* Heidelberg 2009
(Rezensionen: María Sánchez-Andrés in AVGVSTINVS
(Madrid). 55 (2010), 221. Udo Kern in Philo-
sophischer Literaturanzeiger 63 (2010) 25–26.
Hans Brandl SJ in Zeitschrift für katholische
Theologie 132 (2010), 382. Andreas Arndt in
Hegel-Studien 46 (2012), 250–252.)